Mikroabenteuer

Dein Mikroabenteuer im Ennepe-Ruhr-Kreis

#derschönstekreisderwelt

Impressum

Eickener Str. 41
45525 Hattingen
Germany
Tel: +49 2324 / 5648-0

1. Auflage: Dezember 2021

ISBN 978-3-00-070956-2

Inhalt & Konzept: Sophie Jütte
Gestaltung & Konzept: Marie Nehles
Inhaltliche Assistenz: Birgit Tüselmann

Fotos ©zweimalzweifotografie

Printed in Germany
druckdirect24 Wetter (Ruhr)

In dem Buch finden sich unterschiedliche Bezeichnungen hinsichtlich männlicher, weiblicher und diverser Schreibweisen. Grundsätzlich sind immer alle Menschen gemeint und angesprochen!

"Sometimes all you need is to climb a simple hill,
to spend time staring at an empty horizon,
to jump into a cold river or sleep under the stars,
or perhaps share a whisky at a small country inn
in order to remind yourself
what matters most to you in life."

Alastair Humphreys

Inhaltsverzeichnis

Einleitung

Hobbithügel gibt es nur in Neuseeland? Zum Wandern besser in die Alpen fahren?
Radeln nur auf Italiens Serpentinen? Für den Bootsausflug lieber an die Cote d'Azur?
Und Tapas schmecken nur in Madrid?
Dann warst du wohl noch nie im schönsten Kreis der Welt!

Der Ennepe-Ruhr-Kreis liegt im Südosten des Ruhrgebiets, im Herzen NRWs.
Gleich zwei Flüsse, die Ennepe und die Ruhr, durchqueren den Kreis, der die neun Städte Breckerfeld, Ennepetal, Gevelsberg, Hattingen, Herdecke, Schwelm, Sprockhövel, Wetter (Ruhr) und Witten umfasst.
Mit seinen zahlreichen Seen und Talsperren, ausgedehnten Wäldern, Tälern, Auen und weiten Wiesen und Weiden bietet #derschönstekreisderwelt den perfekten Urlaub vor der Haustüre.
Unzählige Wander- und Radrouten, Boulder- und Kletterspots sowie Wassersport-aktivitäten sind großartige Möglichkeiten in das eigene Mikroabenteuer zu starten.
Für Mikroabenteuer musst du aber nicht zwingend ein Naturbursche sein.
Der Ennepe-Ruhr-Kreis bietet dir ebenso urige Altstädte, historische Burgen, rustikale Industrieromantik und liebliche Fachwerkidylle.

Mit dieser Vielfalt lässt sich jedes Fernweh stillen! Los!
Auf in DEIN Mikroabenteuer im schönsten Kreis der Welt.

Mikroabenteuer

Alastair Humphreys ist ein britischer Abenteurer, Autor und Blogger. Über vier Jahre fuhr er mit dem Fahrrad um die Welt, eine Reise von 46.000 Meilen durch 60 Länder und über fünf Kontinente. Dieser Trip inspirierte ihn, das Buch „Microadventures – Local Discoveries for great escapes“ zu schreiben, welches 2014 veröffentlicht wurde. Seither gilt er als „Vater” des Begriffs und Begründer der Mikroabenteuer-Bewegung.

Mithilfe von Büchern, Podcasts, Vorträgen und Social-Media Beiträgen machte der Autor, Speaker und Motivationscoach Christo Foerster auch hierzulande Mikroabenteuer bekannt.

Der Begriff Mikroabenteuer hat keine feste Definition, sondern ist vielmehr für jeden individuell interpretierbar.
Nach Humphreys sind Mikroabenteuer günstige, einfache und kurze, aber auch aufregende, bereichernde sowie herausfordernde Outdoor-Unternehmungen.
Um Mikroabenteuer von klassischen Outdoor-Ausflügen abgrenzen zu können, hat Foerster folgende Spielregeln aufgestellt:

1.

Bestreite dein Mikroabenteuer am besten zu Fuß oder mit dem Fahrrad. Öffentliche Verkehrsmittel inklusive Bus und Bahn sind auch erlaubt.
Das Auto bleibt aber geparkt und das Flugzeug am Boden.

Übernachte draußen – ohne Zelt!
Zelten darfst du natürlich gerne auf deinem eigenen Grundstück, Balkon oder in den eigenen vier Wänden. Wildcampen ist in Deutschland jedoch nicht gestattet.

2.

Mikroabenteuer sind kurz.
Sie können natürlich mehrtägig sein, sollten jedoch insgesamt einen Zeitraum von 72 Stunden nicht überschreiten.

3.

4.

#leavenotrace –
Besonders wichtig ist, dass du alles wieder so verlässt, wie du es vorgefunden hast.
Die Natur wird es dir danken.

Mit anderen Worten: Mikroabenteuer sind kleine Wagnisse, die man direkt vor der eigenen Haustür erleben kann.

Bei dem Reisetrend geht es nicht darum alles bis ins kleinste Detail zu planen, Reiseführer zu lesen oder Kartenmaterial zu studieren. Vielmehr appelliert er an Spontanität, an das Ausbrechen aus der Komfortzone und ruft dazu auf, seine Umgebung aus einem anderen Blickwinkel kennenzulernen.

Mit jedem Mikroabenteuer kannst du deinen Horizont erweitern, den Fokus auf die „kleinen“ Dinge des Lebens lenken, Bewusstsein für den Umgang mit der Natur schaffen und Neues entdecken und erleben.

In diesem Buch findest du Ideen ganz speziell für den schönsten Kreis der Welt, den Ennepe-Ruhr-Kreis. Nimm dir bewusst die Zeit für dein Mikroabenteuer. Du wirst es nicht bereuen.

Wir wünschen dir viel Spaß!

Wandern

„Viel wandern macht bewandert."

Peter Sirius

1. Im Kreis um das Zuhause wandern

Drehwurm mal anders...
Dazu brauchst du nur eine Karte deiner Stadt und ein Wasserglas.

Du stellst das Wasserglas mittig über deine Wohnadresse und bildest den Rand mit einem Bleistift ab. Ziel ist es entlang dieser Linie zu wandern. Mit der Größe des Glases bestimmst du den Radius deiner Wandertour. Vielleicht nimmst du für den Anfang eine Sektflöte und nicht das große Wasserglas.
Um diese Challenge auf das nächste Level zu heben, könnt ihr auch versuchen, bei eurer Wanderung das Überqueren beziehungsweise Entlanglaufen von Hauptstraßen zu vermeiden. Das ist nämlich gar nicht so einfach.

Tipp an die Eltern: Denkt euch vorher eine spannende Aufgabe für eure Kinder aus, die sie unterwegs erledigen sollen.
Lasst sie unterwegs die unterschiedlichsten Straßennamen fotografieren.
Wieder Zuhause, könnt ihr dann gemeinsam recherchieren was oder wer sich hinter den Straßennamen versteckt. Kommt ihr während eures Ausfluges an Wäldern vorbei, fotografiert doch die verschiedensten Pflanzen, welche ihr anschließend mithilfe des Internets bestimmen könnt.

Milspe
Rahlenbecke
Hellenbecke
Oelkinghausen

Carl Zeiss Jena
Tessar 2,8/50
5683976
Jellinghausen

ENNEPETAL
Willringhausen
Rüggeberg
Schweflinghausen

2. Gehe los, wirf eine Münze

Kopf oder Zahl?

Du befindest dich an einer Kreuzung und wirfst eine Münze. Kopf bedeutet rechts, Zahl links.

Poste ein Bild auf Facebook/Instagram mit den Hashtags:

#mikroabenteuer #derschönstekreisderwelt
#kopfoderzahl #wobinichhiergelandet?

3. Besteige den höchsten Punkt in deiner Nähe

Dieses Abenteuer kannst du für dich individuell gestalten.

Sofern du nicht planst den Mount Everest (8848 m ü. NN) zu besteigen, ist das locker an einem Tag machbar.

Witten: Arenberg (269 m ü NN)

Wetter (Ruhr): Am Südhang Grundschöttel an der Stadtgrenze zu Gevelsberg (266 m ü. NN)

Sprockhövel: Winterberg (315 m ü. NN)

Schwelm: Winterberg (350,8 m ü. NN)

Herdecke: Auf dem Heil (273,8 m ü. NN)

Hattingen: Berger Weg (306 m ü. NN)

Gevelsberg: Hageböllinger Kopf (336,36 m ü. NN)

Ennepetal: Breckerfelder Straße 153 (Oberkotthausen 388 m ü. NN)

Breckerfeld: Wengeberg (442 m ü. NN) Höchste Erhebung im Ennepe-Ruhr-Kreis

Der Wengeberg ist mit seinen 442 m Höhe vielleicht nicht gerade alpin, aber die höchste Erhebung des Ennepe-Ruhr-Kreises und sogar des ganzen Ruhrgebiets! Bei schönem Wetter kannst du von hier oben bis zum Kölner Dom sehen.

Für die Frühaufsteher bietet sich die Möglichkeit, einen wunderschönen Sonnenaufgang auf dem Berggipfel zu genießen. Und für diejenigen, die sich nicht so früh von ihrer Matratze trennen können, besteht hier die Chance einen romantischen Sonnenuntergang zu erleben.

Tipp: Eine Tasse Kaffee oder Tee rundet den Moment ab.

Tipp an die Eltern: In diesem Fall lohnt es sich ein Fernglas einzupacken, denn vielleicht bekommen eure Kinder die Möglichkeit einen Greifvogel zu beobachten.

Witzig wäre auch, von dort oben Seifenblasen fliegen zu lassen und durch das Fernglas so lange zu verfolgen bis sie platzen.

4. Laufe eine komplette Bus-, Straßenbahn- oder S-Bahnlinie in deiner Stadt ab

Du fährst jeden Tag die gleiche Strecke mit dem Bus oder mit der Bahn? Dann gehe den Weg doch zur Abwechslung einmal zu Fuß!
Wer weiß, was du unterwegs alles so entdeckst. Vielleicht ein cooles Lokal, einen schnuckeligen Hofladen oder Begegnungen mit tollen Menschen.

Und wusstest du, dass man an einem klassischen Acht-Stunden-Arbeitstag in der Uni oder im Büro durchschnittlich nur zwei- bis dreitausend Schritte geht?! Gesund wären jedoch mindestens 6000 Schritte. Wortwörtlich gingest du zu Fuß also als gutes Beispiel voran.

Tipp zu allen Wanderrouten:
Das Kartenmaterial kannst du zum Beispiel über die Seite www.ennepe-ruhr-entdecken.de anfordern.

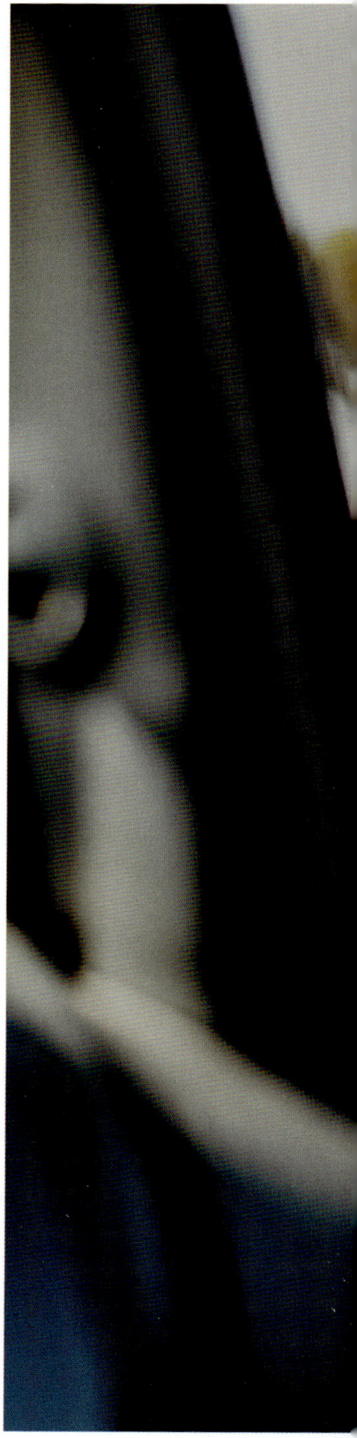

5. Tierisch gut wandern

Du liebst Tiere und verbringst gerne Zeit in der Natur?
Dann lass dich von Alpakas, Lamas oder Eseln durch Wiesen und Wälder führen.
Vertraue ihnen! Denn sie kennen den Weg... oder vielleicht auch nicht ;)

6. Wildkräuterwanderung

Traue keinem Ort, an dem kein Unkraut wächst!
Du wirst überrascht sein, welche Power-Pflänzchen du in unserer kostbaren Natur findest. Nicht nur unscheinbares Unkraut, sondern eine großartige Pflanzenwelt, wie z. B. die Brennnessel, die als Blasenstärkerin fungiert oder den Löwenzahn, der deinen Magen beruhigt. Das Gänseblümchen ist ein Freund der Haut, der Giersch ist als Detox-Kraut bekannt oder der Bärlauch, er trainiert deine Gefäße.

Tipp: Kräuterhexe – Informiere dich über Kräuterwanderungen im Ennepe-Ruhr-Kreis.

7. Barfuß wandern

Bewaldete Hügel, idyllische Auen und romantische Täler – nicht umsonst wird der Ennepe-Ruhr-Kreis als grüne Lunge des Reviers bezeichnet.
30% Waldfläche sind ordentlich Platz für schuhloses Erleben.
Grüne Gräser, kühle Bäche, feuchtes Laub und steiniger Erdboden laden euch zu diesem Sinnerlebnis ein.

Die folgenden Naturräume bieten endlose Möglichkeiten euch auszuprobieren.

Elfringhauser Schweiz
Elbschtal Wetter
Ardeygebirge
Gevelsberger Stadtwald
Wanderwelt Südspitzen

Tipp: Weiches Moos oder Zapfen als Massage

8. Nachtwanderung bei Vollmond

Taschenlampe gezückt und ab ins Abenteuer!
Wie anders und aufregend die gewohnte Spazierstrecke doch in der Nacht wirkt.
In der Dunkelheit kannst du gut die funkelnden Sterne beobachten.
Vielleicht erkennst du sogar ein Sternbild!

Schärft eure Sinne und hört einmal genau hin, welche Tiere neben euch noch nachtaktiv sind.

Hat da etwa ein Wolf geheult?!

Radfahren

„Beim Radfahren lernt man ein Land am besten kennen, weil man dessen Hügel empor schwitzt und sie dann wieder hinuntersaust."

Ernest Hemingway

1. RuhrtalRadweg

Auf zwei Rädern fühlst du dich wohl und suchst nach einer neuen Herausforderung?
Dann schnapp' dir dein Fahrrad und nimm dir doch als nächstes den RuhrtalRadweg vor.

Der RuhrtalRadweg ist 240 Kilometer lang und wurde vom ADFC zur „4-Sterne Qualitätsradroute“ ausgezeichnet.

Die Städte Herdecke, Wetter (Ruhr), Witten und Hattingen liegen genau in der Mitte des Radweges und gehören zu den insgesamt 23 Etappenorten.
Die Radroute entlang der Ruhr vereint traumhafte Landschaften und kulturelle Attraktionen.

So viel Abwechslung wie hier geboten wird, findet man selten auf einer Strecke.

2. Spontanes Losfahren

Eselohren

Die ehemalige Bahntrasse „Rheinischer Esel“ wurde 1880 zur Verbindung der Städte Bochum, Witten und Dortmund eröffnet und gilt als eine der ältesten Trassen. Die 34 km lange Radstrecke, in Form eines Eselkopfes, führt dich durch eine vielfältige Auenlandschaft.
Der steigungsfreie Radweg ist nicht nur für Sportbegeisterte interessant, sondern auch für diejenigen, die ihre Radtour gemütlich bestreiten möchten. Außerdem ist die Strecke in zwei Rundkurse aufgeteilt, die du somit auch einzeln abfahren kannst. Der Rheinische Esel bietet zudem eine wichtige Verbindungsmöglichkeit zum RuhrtalRadweg.

Von Ruhr zur Ruhr

Unterwegs auf dem Rundradweg erfährst du eine Kombination aus Natur und Industriekultur, die du direkt am Wegesrand erkunden kannst. Du bewegst dich auf Strecken, die vor über 100 Jahren noch für den Transport der Kohle genutzt wurden. Die Radstrecke ist 57 km lang, hat ein Höhenprofil von rund 200 Metern und verbindet die Städte Hattingen, Sprockhövel, Gevelsberg, Wetter (Ruhr) und Witten.

Ennepe Runde

Auf der 45 km langen, mittelschweren „Ennepe-Runde“ führt dich der Weg durch eine landschaftlich reizvolle Umgebung. Naturnah und waldreich ist besonders der Bereich um Ennepetal und Breckerfeld, der beinahe „sauerländisch“ anmutet.
Die Mittelgebirgslandschaft bietet viele Möglichkeiten zur Erholung.
Ein Abstecher in das Erholungsgebiet an der Glörtalsperre macht dein Abenteuer komplett!
Der Höhenunterschied auf ihrer Gesamtlänge beträgt 418 m. Die Tour ist ein absolutes Muss für jeden Sportbegeisterten, der gerne auch mit dem Gravelbike unterwegs ist.

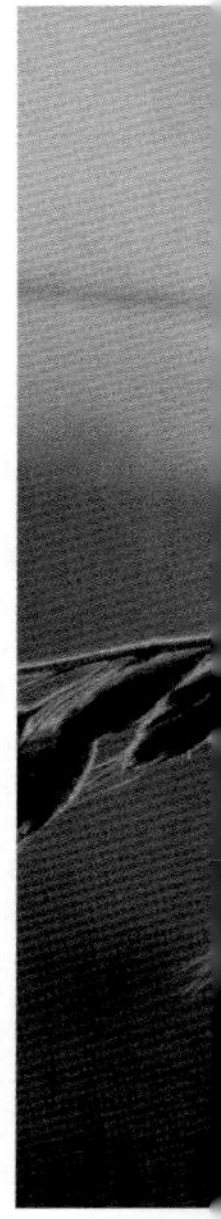

3. Verwandte besuchen mit dem Fahrrad

Hier eine neue Challenge für dich: Lege bekannte Strecken doch einmal mit dem Fahrrad zurück. Der nächste Besuch bei Verwandten könnte beispielsweise so ein Anlass sein. Doch beachte: Dieselbe Strecke musst du auch wieder zurückfahren!

4. Vom Nord- in den Südkreis fahren

An der Grenze von Dortmund-Kley liegt der Ort Witten-Stockum,
der nördlichste Zipfel des EN-Kreises.
Hier beginnt die Abenteuerreise und endet im südlichsten Teil des EN-Kreises
an der Ennepetalsperre.

Für die Sportlichen unter euch könnte diese Challenge eine anspruchsvolle Tagestour sein. Wer es aber lieber gemütlich mag, plant für diese Herausforderung vielleicht sogar einen kleinen Radurlaub für zwischendurch. Ihr werdet auf dieser Strecke zahlreiche Übernachtungs- und Einkehrmöglichkeiten, aber auch viele abenteuerliche Angebote finden.

Durchstöbert doch einfach einmal unsere Webseite: ennepe-ruhr-entdecken.de

Also auf geht's.
Steige aufs Rad und mache den Kreis unsicher.

Tipp an die Eltern: Spannt kurz vor eurem Zuhause ein Flatterband und applaudiert beim Zieleinlauf euren Kindern!

Wassersport

„Some people never go crazy.
What truly horrible lives they must lead."

Charles Bukowski

1. Mit dem SUP an den See oder Fluss

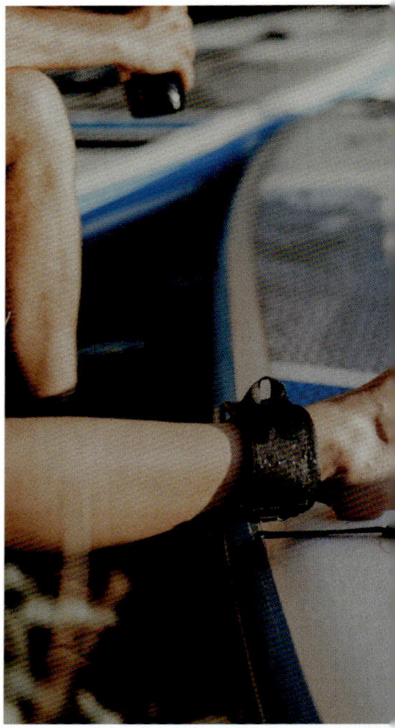

Stand-Up-Paddling –
ein verdienter Trend!

Hier geht es um Balance, Koordination und Körpergefühl.

Man kann mit dem SUP einfach nur entspannt paddeln, aber auch ein effektives Workout betreiben, an Rennen teilnehmen oder Yoga- und Fitnessübungen ausführen.

Also los! Schnapp dir ein Paddle-Board und versuche, nicht aus dem Gleichgewicht zu kommen – sonst wird's nass!

Schaffst du es direkt beim ersten Mal nicht ins Wasser zu fallen?

2. Durch die Region schippern

Du sitzt zu oft am Schreibtisch und suchst einen passenden Ausgleich?
Ob Segel- oder Tretboot, ob Kajak oder Kanu oder gar mit einem Floß, in unserer Region findest du zahlreiche Anbieter.

Die Ruhr bietet die perfekte Möglichkeit, dich sportlich zu betätigen und dabei dem Alltagsstress zu entkommen.

3. Baden außerhalb der Badesaison

Einfach einmal über den eigenen Schatten springen. Stolz auf sich sein. Dinge tun, die man sonst nicht tun würde oder einfacher gesagt: Raus aus der Komfortzone!

Gehe doch zum Beipsiel außerhalb der Badesaison schwimmen. Dieses erfrischende Erlebnis bringt deinen Kreislauf bestimmt ‘mal wieder so richtig in Schwung!
Außerdem hast du die (Glör-)Talsperre sicherlich ausnahmsweise für dich ganz alleine.

Foto-Idee: Wenn du wieder zuhause bist, mit einer Decke und einem Tee in der Hand.
#mikroabenteuer #derschönstekreisderwelt

Tipp an die Eltern: Steine-Flitschen! Kennt jeder aus seiner eigenen Kindheit. Welcher Stein hüpft am häufigsten über die Wasseroberfläche?

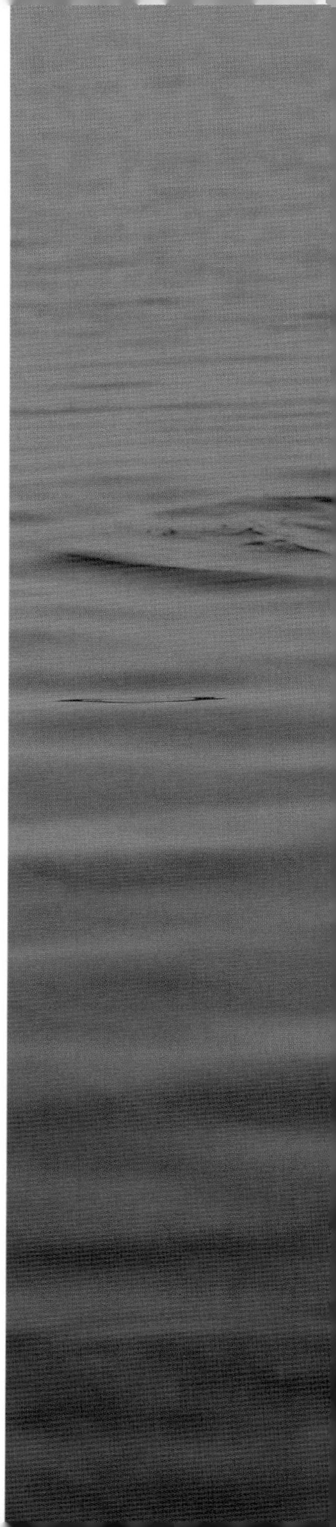

Freizeit

„ Die größte Sehenswürdigkeit,
die es gibt, ist die Welt –
sieh sie dir an."

Kurt Tucholsky

1. Alle einsteigen, bitte!

Gehe zum Bahnhof in deiner Stadt, kaufe dir eine Fahrkarte für maximal 20 € und steige in den nächsten Zug ein, der auf Gleis 1 abfährt.
Erkunde den Ankunftsort, laufe bewusst durch die Straßen, besuche vielleicht eine Sehenswürdigkeit in der Nähe, setze dich in ein nettes Café oder Lokal und nach einer kleinen Stärkung fahre wieder nach Hause.

2. Stadtführung in deiner Stadt

Eigentlich so vertraut und doch gibt es so viel, was du über deine Stadt bestimmt noch nicht wusstest. Du wirst dich wundern, was es alles zu erfahren gibt und du wirst deine Heimat mit ganz anderen Augen sehen.
Kennst du die Geschichte von deinem Lieblingsort? Wer weiß, was auf dem Boden, auf dem du gerade stehst und dein Eis schleckst, schon alles passiert ist!

3. Überwinde deine Höhenangst

Wer schwindelfrei ist oder es werden möchte:
Es ist eine tolle Herausforderung sich von Baum zu Baum zu schwingen oder eine Kletterwand zu erklimmen.
Das braucht Geschicklichkeit und an manchen Stellen auch ungeahnten Mut. Und der Muskelkater wird sicherlich auch nicht lange auf sich warten lassen.

Orte für ein Klettererlebnis:

Kletterwald Wetter (Ruhr)

Isenburg in Hattingen

Isenberg in Witten

Ausrüstung

„Anstatt dein Leben zu perfektionieren, solltest du dir selbst die Freiheit geben, es zu einem Abenteuer zu machen und immer weiter zu gehen."

Drew Houston

1. Allgemeine Ausrüstung

Reiseapotheke (Pinzette, Pflaster...)

Desinfektionsmittel

Insektenschutzmittel

Taschentücher und Feuchttücher

Sonnencreme

Sonnenbrille

Stirnlampe/Taschenlampe

Taschenmesser

Smartphone

Frischhaltebeutel (als Schutzhülle)

Powerbank

Kartenmaterial

Kompass(-App)

Notizbuch und Stifte

Mülltüten

NatureFun
TO BE A FREE MAN

2. Ausrüstung für's Wandern

Socken sind das A und O! Hättest du nicht gewusst, oder?
Sie entscheiden über nervige Blasen, wunde Stellen etc. Lass dich im Sportgeschäft deines Vertrauens doch einmal zu Wandersocken beraten. Deine Füße werden es dir danken ;)
Ansonsten brauchst du:

Gutes Schuhwerk:
Wander-/Trekkingschuhe
Sportschuhe
Sandalen/Flip Flops

Wanderbekleidung im Sommer:
Top/ T-shirt
Wechseltop/-shirt
Shorts
Leichte Jacke

Wanderbekleidung im Winter – hier gilt das Zwiebelprinzip:
Erste Schicht: Funktionsunterwäsche
Zweite Schicht: Pullover/Fleeceshirt
Dritte Schicht: Outdoor-Jacke

Außerdem hilfreich:

Regenponcho

Multifunktionstuch, z. B. als Cappi, Bandana etc.

Mütze

Wanderrucksack

Wanderstöcke

Sitzkissen

Tipp: Teebaumöl gegen stinkende Wanderbekleidung! Besonders Wanderbekleidung oder Socken aus synthetischen Fasern beginnen schon nach kurzer Zeit zu müffeln.

Einige Tropfen Teebaumöl sind nicht nur in der Waschmaschine ein Geruchsverbesserer, sondern vertreiben den Mief auch schon während der Tour.

*unbezahlte Werbung

BICYCLE HOLIDAYS
MAX HÜRZELER
WORLD

3. Ausrüstung für's Radfahren

Packtaschen und/oder Rucksack

Radbekleidung

Radsocken

Stabiles Schuhwerk
Für die Profis:
Klickpedalenschuhe

(gepolsterte) Radhose

Trikot – kurzarm oder langarm

Armlinge; Beinlinge

Regenjacke

Fahrradhandschuhe

!Fahrradhelm!

Außerdem hilfreich:

Ersatzschläuche

Flickzeug

Werkzeug (Minitool)

Mini-Luftpumpe

Kabelbinder

Fahrradschloss

Ladegerät für E-Bike

Gaffa Tape

4. Ausrüstung für den Wassersport

Badekleidung

Wasserfestes Schuhwerk

Handtücher

Wechselkleidung

Wasserfester Rucksack

WATER
PROOF
BAG
20L

5. Ausrüstung Camping

Zelt

Isomatte

Sommer-/Winterschlafsack

Thermoskanne

Feuerzeug

Campinglampe

Campingkocher

Campinggeschirr

Wasserfilter

und je nach Luxuslevel noch vieles mehr!

SLEEPING
BAG
S15
LIGHT
L

Rezepte für die Lunchbox

„ Ask not what you can do
for your country.
Ask what's for lunch."

Orson Welles

Ein paar Anregungen, um die Lunchbox
fantasievoll und abwechslungsreich zu füllen:

Neben den Klassikern wie Bütterken, Frikadüse und Rohkostknabberei hätten wir da ein paar köstliche Snackideen, die man ganz fix selber herstellen kann:

Müsliriegel

Zutaten:
Für 6 Riegel

140 g Flocken und Samen gemischt (Haferflocken, Dinkelflocken, Buchweizen, Leinsamen, Chia...)

60 g klein gehackte Nüsse

30 g Kokosöl

100 g flüssige Süße (am besten Ahornsirup, Reissirup oder Dattelsirup)

1 Prise Salz

Tipp:
Für eine besonders leckere Note:

Spekulatiusgewürz, Zimt

In Schokolade tunken

Trockenfrüchte hinzugeben

SO GELINGT'S

Die trockenen Zutaten vermengen.

Das Kokosöl schmelzen und gemeinsam mit der flüssigen Süße über die trockenen Zutaten geben. Gut durchmischen.

Das Backrohr auf 170°C Heißluft vorheizen.

Die Masse entweder in Müsliriegelformen füllen oder in eine mit Backpapier ausgelegte Auflaufform streichen.

Die Riegel ca. 15 - 20 Minuten goldgelb backen.

Hast du die Masse in einer Auflaufform, schneide sie, solange sie noch heiß und weich ist, sofort nach dem Backen in Riegel.

Die Riegel ganz auskühlen lassen, damit sie richtig fest werden.

Bananenbrot

Zutaten:

3-4 reife Bananen

100 ml Milch(-ersatz)

60 g Kokosöl

Trockenobst wie:
Datteln
Aprikosen
Cranberrys

Oder frisches Obst wie:
Himbeeren
Blaubeeren

200 g Dinkelmehl

100 g Kokosmehl

Schokodrops

1 Tl Backpulver

1Tl Natron

1 Prise Salz

SO GELINGT'S

Ofen auf 180 Grad Ober-/Unterhitze (Umluft: 160 Grad) vorheizen und eine Kastenform gut einfetten.

Bananen mit einer Gabel in einer Schüssel zerdrücken oder durch den Mixer jagen.

Milch, Kokosöl, Obst, Mehl, Schokodrops, Backpulver, Natron und Salz in die Schüssel geben und verrühren.

Teig in die Form geben und im vorgeheizten Ofen etwa 40 Minuten backen.

Besonders leckere Note:
Gib einfach ein paar gehackte Nüsse mit zum Teig für den gewissen Pfiff.

Kichererbsen Snack

Zutaten:

Für 2- 3 Personen:

1 Dose Kichererbsen

Olivenöl

Salz und Pfeffer

1 EL Knoblauchpulver

1 EL Paprikapulver

Alternative: Chilipulver/ Kräutersalz

Geröstete Kichererbsen sind im Handumdrehen zubereitet und bringen praktisch keinen Aufwand mit sich.
Die reine Arbeitszeit dauert nur fünf Minuten!
Den Rest erledigt dein Backofen für dich.

SO GELINGT'S

Öffne die Dose Kichererbsen und gieße das Wasser ab. Spüle die Kichererbsen ab und trockne sie dann vorsichtig mit einem Küchentuch. Je trockener sie vor dem Backen sind, desto knuspriger werden sie.

Gib die getrockneten Kichererbsen in eine Schüssel und füge etwas Olivenöl hinzu. Vermenge das Ganze gründlich, sodass alle Erbsen gut benässt sind.
Mit dem Olivenöl kannst du ruhig großzügig sein.

Breite die Kichererbsen nun auf einem Backblech aus und backe sie im Ofen für eine halbe Stunde bei etwa 180 Grad Celsius Umluft.

Nimm das Blech heraus, lasse den Ofen aber noch an. Die Erbsen kommen gleich wieder hinein.

Gib die Kichererbsen noch einmal in die Schüssel, die du zuvor benutzt hast, und füge nun die Gewürze hinzu. Die Gewürze kommen erst kurz vor Ende der Backzeit zum Einsatz, weil sie leicht verbrennen und dann bitter schmecken würden. Vermische noch einmal alles gut miteinander.

Breite die Kichererbsen anschließend wieder auf dem Blech aus und schiebe es zurück in den Ofen.

Backe die Erbsen für weitere zehn Minuten und nimm sie dann aus dem Ofen. Wenn die Erbsen eine goldbraune Farbe angenommen haben und knusprig aussehen, sind sie fertig.

Zutaten:

60 g Kokosmehl

120 g Haferflocken

140 g gefrorene Himbeeren

70 g Cashewkerne

2 Esslöffel Kokosöl

Kokosraspeln

Wer es gerne süßer mag:
50 g Zucker

Energy Balls

Die ersten vier Zutaten mischen und fein mahlen.

2 EL geschmolzenes Kokosöl hinzufügen und wieder gut durchmischen. Anschließend mit der Hand walnussgroße Kugeln formen.

Die Kugeln nun in Kokosraspeln wälzen und für zwei Stunden im Kühlschrank kaltstellen.

Lunchbox für Jung & Alt

Klassisch, aber unschlagbar! Um in den Pausen neue Energie zu tanken, sollten diese Köstlichkeiten nicht fehlen:

Bütterken

Obst & Gemüse

Nüsse

Kichererbsensnack

Trockenobst

Reis-/ Maiswaffeln

Käsewürfel

Frikadellen

Salamisticks

Cracker

Laugenbrezel

Zuckerwaffeln

Schokobrötchen

Picknickkorb

In einen gut sortierten Picknickkorb gehören folgende Sachen:

Picknickdecke, Geschirr, Teller, Tassen, Gläser oder Becher,

Besteck, Servietten, Flaschenöffner, Korkenzieher,

Taschenmesser/Multifunktionsmesser, Kühlakkus,

Bluetooth Lautsprecher, Spiele, Bücher.

Ganz wichtig: Nicht den Proviant vergessen!

So ein Korb mit voller Ausstattung ist natürlich nichts für eine lange Wanderung!

Eine volle Kühlbox lässt sich allerdings prima in ein Kajak stellen :)

Auch ein Picknick kann ein Mikroabenteuer sein.

Plattformen und Apps

„Es gibt da draußen jeden Tag einen
Sonnenaufgang und einen
Sonnenuntergang.
Und sie sind absolut kostenlos.
Verpasse nicht zu viele von ihnen."

Jo Walton

In 60 m
Weg
6,24
273
Funktionen

Routenführung:

Kennst du dich nicht in der Gegend aus und brauchst Unterstützung oder Anregungen, dann schau dich doch einmal nach einer tollen Wanderung oder Radtour auf z. B. *Komoot* oder *Outdooractive* um!
Hier werden dir viele tolle Alternativen vorgeschlagen.

Und zur Orientierung kramst du am besten einmal den alten Kompass von deinem Opa raus...
Digital geht das aber auch! Du wirst zahlreiche Apps dazu finden!

Für den Fall, dass du auf Entschleunigung aus bist:
Wie wäre es denn einmal auf dem Jakobsweg zu pilgern?

Wetter:

Kennt ihr den Spruch?
„Es gibt kein schlechtes Wetter, es gibt nur schlechte Kleidung."
Verschiedene Seiten zur Wettervorhersage helfen dir sicherlich, das passende Outfit zu finden. Zum Beipsiel über: *wetter-online; wetter.com*

Sonne, Mond und Sterne:

Für die Romantiker*innen unter euch wäre das doch sicher eine tolle Idee, oder?
Die Zeiten zum Sonnenauf- und untergang findest du zum Beispiel über *sunrise-and-sunset.com*

Wer Sternbilder suchen möchte oder auf einen Sternschnuppenschauer wartet, könnte hier fündig werden: *Star Walk 2 Free*

*unbezahlte Werbung

Wildkräuter und Pilze:
Mit der App *Pl@net.net* kannst du rund 4100 Wildpflanzen bestimmen lassen. Dazu müsst ihr einfach einen markanten Teil des Gewächses mit dem Smartphone abfotografieren. Das Foto wird mit der Datenbank abgeglichen und spuckt dir bei Übereinstimmung den Pflanzenamen aus.
Falls du kein Ergebnis bekommen solltest, kannst du die Community um Rat fragen.

Erfahrene Pilzsammler*innen können sich von den Apps *Pilzator (Android)* oder *Pilz Erkenner (iOS)* unterstützen lassen. Auch Anfänger*innen helfen die Apps bei der ersten Orientierung.
Du möchtest prüfen, ob dein Fundstück ein Speisepilz ist? Dann halte die Kamera deines Smartphones dagegen und mache ein Foto. Den Rest erledigt die App.
Aber ACHTUNG: Wenn du dir unsicher bist, ob eine Wildpflanze oder ein Pilz essbar ist, dann verzichte lieber und lass dich von Expert*innen beraten.

Zur Buchung von Pilz- und Kräuterwanderungen:

Flora und Fauna:
Ist das ein Baumfalke oder ein Mäusebussard? Mit der kostenfreien App *Vogelwelt* vom Naturschutzbund Deutschland (NABU) bekommst du es heraus.

Hast du Schwierigkeiten eine Lärche von einer Fichte zu unterscheiden?
Die Waldfibel-App *Entdecke den Wald* bringt euch nicht nur die Pflanzen- und Tierwelt näher, sondern lädt auch zu Ausflügen ein.
Eure Challenge für unterwegs: Schätzt doch mal die Höhe von so einem Baum. Habt ihr alle eure Vermutungen geäußert, könnt ihr mit der App nachmessen.

*unbezahlte Werbung

Umwelt-Knigge

„Weh dem Menschen, wenn nur ein einziges Tier im Weltgericht sitzt."

Christian Morgenstern

Verbote:
Zelten
Baden
Pflanzen beschädigen
Weg verlassen
Reitwege verlassen

WALROSS
WER MÜLL IN DIE NATUR SCHMEISST, IST SELBER MÜLL.
DER HAT IN IHR NICHTS VERLOREN!
J.P. MORGAN

1. Müll hinterlassen: Ein NO-GO!

Plastik braucht Jahrhunderte, um zu verrotten und landet zu oft in unserer Umwelt.
Besonders Ozeane, Flüsse und Seen aber auch Wiesen und Wälder bleiben davon nicht verschont. Gedankenlos wird der Müll weggeworfen und schadet damit nicht nur der Natur, sondern auch den Tieren und uns Menschen.

Auf deinen Wegen kann es schon einmal vorkommen, dass du keinen Mülleimer findest.
Daher sammele deinen Müll und entsorge ihn ordnungsgemäß bei der nächsten Gelegenheit oder eben erst zu Hause. Damit sind auch Obstreste oder Taschentücher gemeint.

Organische Lebensmittelabfälle, sowie Papier haben im Vergleich zu Plastikmüll eine kürzere Verrottungszeit, schaden der Natur aber trotzdem.

Tropenfrüchte, die mit Pestiziden belastet sind, wie Bananenschalen, brauchen mindestens sechs Wochen und Orangenschalen sogar bis zu zwei Jahre, um ihren Weg in den Boden zu finden.
Selbst das Taschentuch benötigt ein bis fünf Jahre, um in der Natur zu zerfallen.

Wenn du unterwegs Müll findest, dann sei so lieb und nimm ihn mit. Die Umwelt wird dir danken!

2. Toilettengang

Im günstigsten Fall gehe auf eine öffentliche Toilette. Falls in deiner Gegend keine vorhanden sein sollte, versuche es in Cafés oder Restaurants.

Wenn trotzdem einmal kein stilles Örtchen in Sichtweite ist, dann gehe lieber ein paar Schritte weiter in den Wald hinein und wenn der Boden es zulässt, buddele ein ca. 30 cm tiefes Loch, um deine Hinterlassenschaft verschwinden zu lassen.

So werden davon weder Tiere noch Menschen gestört und es zersetzt sich schneller.

Hinweis: NUR recyceltes Toilettenpapier benutzen, keine Taschentücher in den Wald werfen!

3. Blumen und Pflanzen pflücken verboten

Blumen und Pflanzen sind nicht nur schön anzusehen, sondern auch sehr wichtig für die Ökosysteme auf unserer Erde. Nicht nur Käfer und andere Insekten, sondern vor allem Bienen brauchen die Blüten, um Nahrung zu sammeln. Und viele Blüten brauchen wiederum die Bienen, um sich fortpflanzen zu können. Also lasst lieber die Blumen im Feld stehen und macht stattdessen ein schönes Foto. So habt ihr eh viel länger etwas davon.

Für ein hübsches Sträußchen gibt es schließlich die Florist*innen in deiner Region :)

4. Pilze, Kräuter oder Obst sammeln

Das Sammeln ist auf freien Flächen außerhalb von Schutzgebieten in kleinen Mengen und zum privaten Gebrauch erlaubt. Vorsicht, wenn du dir unsicher bist, lieber mit Fachleuten sammeln oder vielleicht doch besser den nächsten Bio-Laden aufsuchen. Safety first!

5. Vorsicht: Frosch- und Krötenwanderung!

Dieses Naturereignis erstreckt sich in der Regel über zwei bis drei Monate.
Der Höhepunkt ist meistens gegen Mitte März.

Hier gilt: Runter vom Gas!

Tipp an die Eltern:
Animiert eure Kids Frösche nachzuahmen und nehmt diese Laute mit dem Handy auf...
vielleicht antwortet der ein oder andere Frosch.

MUTPROBE für Kinder:

Küss den Frosch und finde heraus, ob er sich in einen Prinzen oder in eine Prinzessin verwandelt.

6. Keine Wildtiere verfolgen oder streicheln

Auch hier gilt zum Schutz der Natur: Abstand halten! Während Rehe vor allem Ruhe brauchen und Fluchttiere sind, kann es im Wald aber auch zu brenzligen Situationen kommen!
Eine wildgewordene Wildschweinrotte ist sehr gefährlich.

Wildschweine können bis zu 200 Kilogramm schwer und bis zu 50 km/h schnell werden und haben messerscharfe Zähne. Da kann ein Angriff im schlimmsten Falle tödlich enden.

Wie verhält man sich bei einer Wildschweinbegegnung?

Ruhe bewahren und gelassen bleiben.

Wildschweine sehen sehr schlecht! Also: Stehenbleiben und dann langsam zurückziehen.

Ausreichend Abstand halten, Tier nicht einengen.

Dem Wildschwein eine Rückzugsmöglichkeit geben.

Falls vorhanden: auf einen Baumstamm oder Hochsitz klettern.

Auf keinen Fall hektisch werden und wegrennen!

7. Jagen und Angeln

... ohne gültigen Schein, ist dem Reiher zwar erlaubt, dir aber nicht!
Im Vorfeld solltest du dich beim ortsansässigen Jagdaufseher oder Angelverein erkundigen, um die notwendigen Papiere zu erhalten. Petri Heil!

8. Wegegebot

In Deutschland ist laut Bundeswaldgesetz das Betreten des Waldes zur Erholung gestattet, auch abseits der Wege. Grundsätzlich sollte man allerdings nur die markierten Wanderwege benutzen, denn sonst können Wildtiere gestört und der Boden zerstört werden.
Kleine Abstecher tiefer in den Wald sind sicherlich auch hin und wieder möglich, sollten aber nur zu Fuß erfolgen.

9. Lagerfeuer, Grillen, Party? Nope!

Bitte nur an ausgewiesenen Feuerstellen grillen und immer einen Eimer Wasser bereitstellen. Wenn das Feuer einmal brennt, darf es niemals unbeaufsichtigt gelassen werden. Bei starker und unkontrollierter Rauchentwicklung oder Funkenflug sofort die Feuerwehr (Tel: 112) rufen.
Ist die Vegetation besonders trocken oder ist es stürmisch, dann ist der Verzicht auf ein Lagerfeuer selbstverständlich.

Verläuft alles nach Plan, sollte man vor dem Löschen des Feuers darauf achten, dass es komplett herunterbrennt. Sobald die Feuerstelle gänzlich erkaltet ist, kannst du dir sicher sein, dass das Feuer auch wirklich aus ist.
Dann solltest du nur eins nicht vergessen – deinen Müll!

10. Rauchen verboten!

In der Natur gilt generell Rauchverbot. Die Kippen sind nicht nur schädlich für die Umwelt, auch stellen sie ein großes Müllproblem dar.

Ganz wichtig: Im Wald kann es, nicht nur im Sommer, zu Bränden kommen, die nicht nur die Vegetation, sondern auch die Menschen gefährden.

11. Lärmschutz

Psssssst! Sei leise – Tiere nicht stören, auch sie brauchen ihren Schlaf.
Tiere haben oft einen anderen Schlafrhythmus als wir.
Sei nicht zu laut und nimm Rücksicht. Wer kann es schon leiden, aus dem Schlaf gerissen zu werden?!

Hunde sollten besser an der Leine geführt werden. Besonders in der Brutzeit ist es wichtig, dass Muttertiere und ihre Babies nicht gestört oder aufgeschreckt werden. Und unsere Hunde können beim Toben ja ganz schön Rambazamba machen. Dafür ist dann jedoch die Hundewiese oder gar der Hundestrand am Kemnader See besser geeignet.

Schilder geben Auskunft und Hinweise über Verhaltensregeln und sollten gelesen, verstanden und berücksichtigt werden. Denn sie dienen nicht der Dekoration, sondern der Information.

Störungen im Wald
Bergerhof
vermeiden, heißt Ruhe bewahren und Rücksicht nehmen.
Auch Dein Hund wildert,
wenn Du ihn streunen läßt!
Damit soetwas nicht passiert:
Bitte nehmen Sie Ihren Hund an die Leine.
Der Mensch ist hier nur Gast
Der Mensch findet Ruhe und frische Luft,
Entspannung und auch Waldesduft.
Der Mensch entdeckt Blumen und bunte Farben,
er lauscht Vogelstimmen, dem Murmeln des Grabens.
Der Mensch vergißt seine Alltagssorgen
und sieht nicht das Grau von morgen.
Dieser Mensch hält den Hund an der Leine,
Waldbewohner sollen bleiben alleine.
Dieser Mensch stört nicht die Tiere und Pflanzen,
er behält Abfall und Flaschen im Ranzen.
Diesem Menschen sei recht herzlich gedankt,
denn der Wald braucht Schutz, sonst wird er krank.
Dieser Mensch schützt die unberührte Natur-
denn jenseits des Weges muß sie so bleiben: pur.

12. Wasserschutz

Neben Mikroplastik sind auch noch andere schädliche chemikalische Inhaltsstoffe in konventionellen Sonnenschutzmitteln enthalten, die sich durch den Menschen im Wasser anreichern können.
Das schadet nicht nur den Pflanzen, sondern auch allen anderen Wasserlebewesen. Eine Challenge an euch: Probiert doch einmal mineralische Bio-Sonnencreme aus. Die gibt es im Drogeriemarkt oder in der Apotheke und so könnt ihr ohne schlechtes Gewissen im Wasser plantschen.

13. Grüßen, freundlich und hilfsbereit sein

Servus, Grüezi und Hallo!

Jeder freut sich über ein freundliches Wort und ein Lächeln im Gesicht des Gegenübers! Deshalb: Immer einen netten Gruß auf den Lippen haben.

Familien-Zeit

„Ich hab eine Erbse in der Nase, ätsch
Pustekuchen, und du nicht!"

Lisabet aus „Madita"
Astrid Lindgren

Alle Mikroabenteuer-Ideen sind für Jedermann geeignet!
Aber eben auch besonders für Familien mit Kindern!

Unter dem einen oder anderen Abenteuer geben wir euch schon ein paar schöne und lustige Inspirationen, um die kleinen Wagnisse für eure Kids noch spannender zu gestalten.
Natürlich könnt ihr auch jedes Erlebnis auf eure familiären Bedürfnisse anpassen oder ergänzen.
Die besonders kreativen Ideen dürft ihr gerne mit uns teilen.
Wir freuen uns auf eure interessanten Beiträge. #mikroabenteuermitderfamilie

Mikroabenteuer sind...

Kurz! Das heißt: Keine quengelnden Kinder, weil vielleicht die Füße schmerzen.

Einfach! Das heißt: Keine detaillierte Planung erforderlich. Etwas zur Verpflegung einpacken und los!

Lokal! Das heißt: Keine langen und nervenaufreibenden Autofahrten.

Günstig! Das heißt: Kein kommerzielles Kinderspielzeug notwendig, denn die Natur hält alles bereit.

Aufregend! Das heißt: Den Kindern werden abwechslungs- und lehrreiche Erlebnisse geboten.

Also: Runter vom Sofa und raus in die Natur! Viel Spaß mit deiner Familie!

1. Stockbrot

Ja, gut, Stockbrot ist nicht Haute Cuisine, aber kann ein richtiges Mikroabenteuer sein! Schnapp dir eine Schüssel und alle wichtigen Zutaten für das Stockbrot und ab in die Natur. Während die einen den Teig vorbereiten, können die anderen sich auf die Suche nach den besten Stockbrot-Stöcken machen.

Wer findet wohl den besten Stock?

Jetzt fehlt nur noch das Lagerfeuer. Macht es euch gemütlich, wickelt euren Teig über die gesammelten Stöcke und haltet sie über das Feuer bis das Brot durchgebacken ist.
Nach ein paar Minuten könnt ihr euer Stockbrot auch schon genießen. Guten Appetit!

Zutaten:
150 g Speisequark
6 Esslöffel Milch
6 Esslöffel Öl
300 g Mehl
1 Päckchen Backpulver
1 Prise Salz
nach Geschmack: Kürbiskerne,
Sonnenblumenkerne, Rosinen, etc.

SO GELINGT'S

Vermenge Quark, Öl, und Salz miteinander. Mische anschließend das Backpulver mit dem Mehl.
Gib die Masse aus Mehl und Backpulver zu dem Rest und vermenge das Ganze bis du eine kompakte Masse hast.

Teile den Teig, gib die Toppings (Kürbiskerne, Rosinen, etc.) dazu und knete sie in den Teig.

Wickle den Teig nun um den Stock. Das machst du am besten, indem du etwas Teig nimmst und ihn zu einer länglichen Rolle formst. Diese kannst du dann problemlos um den Stock wickeln.

Am besten hältst du dein Stockbrot über die Glut. Ist es zu nah an der Flamme, wird dir dein Brot schnell verbrennen. Etwas Geduld und Fingerspitzengefühl sind also gefragt. Aber du schaffst das!

2. Übernachten wie ein Abenteurer

Schlafen im Bett? Pah! Das kann doch jeder!

Sei es mit oder ohne Zelt im Wohnzimmer, auf dem Balkon oder im eigenen Garten.
Gerade bei schönem Wetter kann dies ein aufregendes Erlebnis sein. Alleine das Bauen und Ausschmücken der neuen Übernachtungsmöglichkeit kann richtig Laune machen. Seid kreativ! Schnappt euch Lichterketten, Taschenlampen, Kuscheltiere, alle Decken und Kissen, die ihr finden könnt, und macht's euch einfach muckelig.

Schau einmal die funkelnden Sterne!
Huch, hast du das gerade etwa auch gehört?
Da geht ja der nachtaktive Igel wandern!

Tipps für die Eltern:
Zudem hat der Ennepe-Ruhr-Kreis noch einiges mehr an außergewöhnlichen Übernachtungsmöglichkeiten zu bieten.

3. Piecksige Brombeeren jagen

Sommerzeit ist Brombeerzeit. Sammle die Brombeeren am Waldrand. Du wirst sehen, sie sind überall zu finden und die großen Sträucher wachsen wie Unkraut.
Aber pass auf, dass du nicht zu Dornröschen wirst. Brombeersträucher haben ganz schön piecksige Dornen! Wer so mutig ist Brombeeren zu pflücken, der hat sie sich also auch redlich verdient. Zuhause werden sie dann gründlich gewaschen und püriert, dann mit Schlagsahne und etwas Zucker vermengt und eingefroren. Das Ergebnis ist leckeres Brombeereis.

Tipp: Pflücke nur die obersten Beeren. Sie bekommen am meisten Sonne ab und hängen so hoch, dass weder Hund noch Fuchs ihr Beinchen daran heben können.

4. Drachen basteln und steigen lassen

Mit dem Herbst verbindet man nicht nur viele bunte Blätter, sondern auch wechselhaftes und stürmisches Wetter. An den regnerischen Tagen kannst du einen kleinen Drachen basteln und sobald die Sonne wieder scheint, ihn auf die Probe stellen. Mal sehen, wie hoch er fliegt.

Ihr braucht zwei unterschiedlich lange Holzstäbe, buntes Seidenpapier, Kleber, Klebestreifen, Faden, Drachenschnur, Metall- oder Holzring, Schere, Stift und Lineal.

1. Die beiden Holzstäbe werden zusammengelegt, sodass sie ein Kreuz bilden.
2. Anschließend bindest du die Stöcke mit einem Faden fest zusammen.
3. Lege nun das Drachengerüst auf das Seidenpapier und miss ringsherum einen Rand von 5 cm aus.
4. Alles ausschneiden, die Ränder bekleben und dann über den Faden umklappen.
5. Nun drehe das Drachengerüst um, so dass du die Holzstäbe nicht siehst.
   Markiere zwei Punkte auf dem Seidenpapier: Einmal auf der Höhe, wo sich die Holzstäbe kreuzen und einmal am unteren Ende des Gerüstes.
6. Bevor du jetzt mit der Schere vorsichtig ein Loch durch die markierten Punkte stößt, beklebe die markierten Punkte mit Klebestreifen, das dient dazu, dass das Seidenpapier nicht reißt.
7. Jetzt kommt der etwas knifflige Teil: Das Drachengerüst wieder auf die Rückseite drehen und einen Faden durch das obere Loch hindurchfädeln. Nun wieder auf die Vorderseite drehen und in das untere Loch fädeln. Noch nicht abschneiden! Die richtige Länge des Fadens bestimmst du, indem du den durchgezogenen Faden auf der Vorderseite in den rechten Eckpunkt des Drachen hältst und zusätzlich mit dem Stift markierst.
   Jetzt darfst du den Faden auf der Rückseite abschneiden und gut festbinden.
8. Nun kommt der Ring zum Einsatz! Führe den Faden an der markierten Stelle hindurch.
   Versetze den Ring so, dass der Drache im Gleichgewicht ist.
9. Aus buntem Seidenpapier kannst du schöne Schleifen basteln. Diese knotest du dann als Drachenschwanz fest.
10. Jetzt noch eine Drachenschnur am Ring befestigen. Et voilà!

Neun Städte

„Die Menschen, nicht die Häuser, machen die Stadt."

Perikles

Breckerfeld

Das bezaubernde Örtchen Breckerfeld, das du schon von weitem durch seine beiden Jakobuskirchen erkennen kannst, ist zu jeder Jahreszeit eine Reise wert. Hier findest du allerlei Freizeitmöglichkeiten - ob du ein Mikroabenteuer auf gut ausgebauten Wander- und Radwegen oder gar eine Pilgertour auf dem Jakobsweg durch eine traumhaft schöne Natur wagst: Du wirst begeistert sein! Auf deinen Wegen machst du vielleicht einen kleinen Schlenker zum Breckerfelder Mühlenhof.

Das Freilichtmuseum besteht aus einer Bockwindmühle aus dem Jahre 1846, zwei Speicherhäusern, einem Bienenhaus und einem Backhaus mit Laden. Nach deiner Erkundung des Hof-Ensembles ist das Einkehren in das Mühlenhof-Café ein absolutes Muss. Dort gibt es leckere Waffeln und Pfannkuchen aber auch die berühmte Bergische Kaffeetafel. Als Mitbringsel kannst du dir frisch gebackenes Brot im Laden um die Ecke kaufen. Absolutes Urlaubsfeeling findet du an der Glörtalsperre, denn hier gibt's einen kleinen, aber feinen Sandstrand... Erholung pur! Also, schnapp dir dein Handtuch und genieß' den Badespaß!

Hier findest du viele Aktivitäten, Unterkünfte, Infomaterial u.v.m. in der Stadt Breckerfeld:

Ennepetal

Stell dir vor, in Ennepetal kannst du unendlich viele kleine und große Mikroabenteuer z.B. in einer Höhle erleben.
Hast du Lust auf eine spannende Zeitreise?
Im Nationalen Naturmonument Kluterthöhle kannst du auf 5.800 Metern unterirdische Seen, geheimnisvolle Gänge und versteinerte Lebewesen entdecken.
Aber auch oberirdisch gibt es viel zu erleben – schau dich doch einmal im Hülsenbecker Tal um. Hier gibt es nicht nur eine wahnsinnig tolle Naturlandschaft, sondern auch ein Wildgehege, Vogelvolieren und auf den Teichen können zahlreiche Tiere beobachtet werden!
Neben dem tierischen Spaß findest du massenhaft Wanderwege, wie z. B. den Wappenweg!

Hier findest Du viele Aktivitäten, Unterkünfte, Infomaterial u.v.m. in der Stadt Ennepetal:

Gevelsberg

Die Stadt Gevelsberg liegt im südlichen Ennepe-Ruhr-Kreis zwischen dem flachen Hügelland des Ruhrgebietes und der Mittelgebirgslandschaft des Sauerlands. Das Stadtgebiet wird geprägt durch die Tallage an der Ennepe.
Der Gründungsimpuls ist in einem geschichtlich und politisch bedeutsamen Vorfall zu suchen: Im Jahre 1225 wurde Graf Engelbert, Erzbischof von Köln, von Friedrich II., dem Grafen von Isenberg, hier überfallen und erschlagen. Ganz in der Nähe des Tatorts findet ihr ein Sühnekloster, welches damals zur Ausgangslage der Stadt wurde.
Das ist aber noch nicht alles! Raus aus dem Hausschuh, rein in den Wanderschuh: Pack deinen Rucksack und los geht's! Erkunde den riesigen Stadtwald mit seinen Rundwanderwegen, in dem sich ein Wildgehege befindet. Dann ab auf den Jakobsweg, denn hier ist es mikroabenteuerlicher als du vielleicht denkst. Abseits des Stadtwaldes lädt dich der Ennepe-Bogen zum Verweilen ein.
Die größte Attraktion der Stadt stellt die alljährlich traditionelle Kirmes dar, die Gevelsberg über seine Stadtgrenzen hinaus bekannt gemacht hat. Sie gilt nämlich auch als „schrägste Kirmes Europas".

Hier findest du viele Aktivitäten, Unterkünfte, Infomaterial u.v.m. in der Stadt Gevelsberg:

Hattingen

Sie ist die Altstadt des Ruhrgebiets mit ihrem mittelalterlichen Flair. Es gibt rund 150 Fachwerkhäuser, hinter denen sich sicherlich viele spannende Mikroabenteuer verstecken.
Aber auch die angrenzende Elfringhauser Schweiz, mit ihrer großartigen Natur und unzähligen Wanderwegen bietet so viele Reize, dass selbst der größte Wandermuffel nicht mehr zu halten ist!
Aber Wandern ist nicht die einzige aufregende Aktivität in Hattingen. Du könntest auch per Rad oder im Kanu das idyllisch verlaufende Ruhrtal auf abenteuerliche Weise auskundschaften. Und wenn du schon einmal hier bist, kannst du einen Abstecher zum LWL-Industriemuseum Henrichshütte machen und z. B. auf den Hochofen klettern.

Hier findest Du viele Aktivitäten, Unterkünfte, Infomaterial u.v.m. in der Stadt Hattingen:

Herdecke

In Herdecke empfiehlt es sich die Schwimmweste einzupacken, denn die Stadt ist gleich von zwei Ruhrstauseen, dem Hengstey- und dem Harkortsee umgeben und bietet dir auf dem Wasser und an Land eine Menge Gelegenheiten für ein Mikroabenteuer. Hier lohnt es sich wirklich den Picknickkorb erst ein- und dann genüsslich auszupacken.
Das talüberspannende Viadukt bestaunst du am besten mit dem Fahrgastschiff "MS Harkort", denn von hier hast du einen tollen Blick auf das atemberaubende und imposante Bauwerk.
Nachdem du wieder festen Boden unter den Füßen hast, schau dir doch einmal bewusst die gemütliche Altstadt mit ihren historischen Fachwerkhäusern an. Vielleicht findest du ja ein paar interessante Relikte der Vergangenheit!?

Hier findest du viele Aktivitäten, Unterkünfte, Infomaterial u.v.m. in der Stadt Herdecke:

Herdecke Mitte

Ferienhaus

Schwelm

Die Kreisstadt des Ennepe-Ruhr-Kreises wird auch als „Pforte Westfalens“ betitelt und hat einiges zu bieten.
Das historische Wasserschloss „Haus Martfeld“ aus dem 14. Jahrhundert ist mit dem sehenswerten Heimatmuseum und seiner modernen Gastronomie auf jeden Fall einen Besuch wert.
Schon einmal was von “Dröppelminnen” gehört? Nein? Dann finde es einmal heraus! Die Lösung findest du unter anderem im Museum. Genug erforscht?

Dann begib dich doch in die schnuckelige Altstadt mit ihren wunderschönen Fachwerkhäusern, die sicherlich viele kleine Wagnisse beherbergt.
Und zu guter Letzt: Gönn’ dir ein leckeres Eis in einer über die Grenzen hinaus bekannten Eisdiele.

Hier findest du viele Aktivitäten, Unterkünfte, Infomaterial u.v.m. in der Stadt Schwelm:

Sprockhövel

Eingebettet im Hügelland der Ruhrhöhen findest du idyllische Landschaften und Andenken an Sprockhövels Bergbaugeschichte. Das heimliche Wahrzeichen, neben der Zwiebelturmkirche, ist der imposante Malakow-Turm der ehemaligen Zeche „Alte Haase“, der die Bergbaugeschichte erkennen lässt. Im angrenzenden Malakow-Park kannst du verschiedenste Exponate aus dem Bergbau bestaunen.
Nicht allzu weit entfernt findest du den Stock und Scherenberger Erbstollen, den du, mit Helm und Lampe ausgestattet, erforschen kannst und finde heraus, was sich hinter den Begriffen wie Erbstollen oder Lichtloch, Grubenbaue oder Rösche versteckt.
So viel gesehen, so viel gelernt – jetzt kommt noch etwas zur Entschleunigung. Bahntrassenradeln? Wandern durch eine attraktive Naturlandschaft? Sprockhövel ist auf jeden Fall ein Mikroabenteuer wert!

Hier findest Du viele Aktivitäten, Unterkünfte, Infomaterial u.v.m. in der Stadt Sprockhövel:

Zeche
Alte
Schacht I/II
Haase

Wetter an der Ruhr

In der Stadt Wetter, direkt am Harkortsee gelegen, findet ihr eine Menge alte Steine: Die Burgruine in Alt-Wetter und die Burg Volmarstein verbergen viele Geheimnisse. Die großartigen Aussichten von dort auf's Ruhrtal solltest du dir nicht entgehen lassen. Willst du deine Höhenangst überwinden, dann kannst du ein Abenteuer der besonderen Art im Kletterwald erleben. Wenn du dann noch genügend Energie übrig hast, schwinge dich auf den Sattel und bereite den RuhrtalRadweg – denn dessen Königsetappe liegt bei uns, hier im #schönstenkreisderwelt!

Hier findest Du viele Aktivitäten, Unterkünfte, Infomaterial u.v.m. in der Stadt Wetter an der Ruhr:

Witten

Witten ist mit seinen rund 96.000 Einwohnern die größte Stadt des Ennepe-Ruhr-Kreises. Zwei Drittel des Stadtgebiets bestehen aus Wald, Landwirtschaft, Grünanlagen und Wasserflächen.

Direkt an der Ruhr gelegen befindet sich das Muttental mit seinen unzähligen Wanderwegen. Gleichzeitig führt der RuhrtalRadweg mitten durch das idyllische Ausflugsgebiet. Ein absolutes Highlight ist das LWL-Industriemuseum Zeche Nachtigall, denn hier kannst du den "Bergbau" noch live erleben. Schau dir an, unter welchen Bedingungen die damaligen Bergleute gearbeitet haben. In direkter Nähe, an der Ruine Hardenstein, kannst du einmal schauen, ob es noch Spuren vom Zwergenkönig "Goldemar" gibt. Dieser hat laut einer Sage vor 600 Jahren auf der Burg sein Unwesen getrieben.
Oberhalb vom Ruhrtal steht das Bergerdenkmal – finde doch heraus, wie viele Stufen es in dem Ehrenmal gibt. Der angrenzende Stadtwald bietet dir jede Menge Ausflugsmöglichkeiten. Neben dem Streichelzoo und dem Wildgehege Hohenstein, wo Schwarz- und Damwild zuhause sind, kannst du ausgiebig spazieren gehen!

Hier findest Du viele Aktivitäten, Unterkünfte, Infomaterial u.v.m. in der Stadt Witten:

Sponsoren

Dieses Buch ist ein gesponsertes Projekt, das ohne die großzügige Unterstützung unserer Hauptsponsoren und auch im Rahmen anderer Projekte hochgeschätzter Kooperationspartner nicht möglich gewesen wäre. Ein herzlicher Dank geht an:

AVU...

AHE
Entsorgung sichern. Werte schaffen.

Wir bedanken uns zudem herzlich für weitere finanzielle Unterstützung des Projektes bei:

Die großen Einrichtungs-Centren in NRW und auf ostermann.de
OSTERMANN

REWE
Kesper
seit 1930

EN-Agentur

Die Wirtschaftsförderungsagentur Ennepe-Ruhr GmbH, EN-Agentur, sitzt zentral in Hattingen. Als kreisweite Einrichtung zur Wirtschafts- und Tourismusförderung bietet die EN-Agentur, unter Einbindung verschiedener Institutionen, den lokalen Unternehmen und touristischen Anbietern ein vielseitiges Angebot an Serviceleistungen.
Dazu zählen die Gründungs- und Unternehmensberatung, die betriebsnahe Technologie- und Innovationsförderung, das Standort- und Gewerbeflächenmanagement, die Kompetenzfeldentwicklung in der Produktionswirtschaft sowie der Tourismus- und Freizeitwirtschaft.

Aufgrund der letzten zwei doch sehr irregulären Jahre, die u.a. der Tourismusbranche sehr zu schaffen machten, galt es einmal mehr neu zu denken.
Der Trend Mikroabenteuer bietet hier viele Chancen. Nicht nur während des eingeschränkten Alltagstrotts eines Lockdowns, sondern auch um Heimatgefühle wieder aufkeimen zu lassen – alles unter Einbindung der lokalen Akteure und mit großer Wertschätzung für all das, was der Ennepe-Ruhr-Kreis zu bieten hat.

Die EN-Agentur hofft, alle Leser*innen zu einem Urlaub vor der Haustüre inspirieren zu können und wünscht aufregende Mikroabenteuer!

EN

AGENTUR